FRÉDÉRIC MACLER
Professeur à l'École des Langues Orientales vivantes

Les Arméniens en Syrie et en Palestine

Communication au Congrès Français de la Syrie
Marseille 1919

MARSEILLE
TYPOGRAPHIE ET LITHOGRAPHIE BARLATIER
17-19, Rue Venture, 17-19

1919

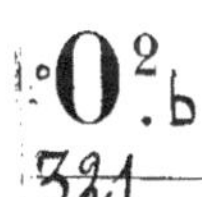

Offert à la Bibliothèque nationale
de Paris

F. Macér

Les Arméniens en Syrie et en Palestine.

La destinée de l'Arménie ne se confondit, au cours des siècles, ni avec celle de la Syrie, ni avec celle de la Palestine. Mais les relations furent constantes entre ces trois pays, surtout à partir de l'ère chrétienne, et un livre, écrit dans la manière qui serait souhaitable, ne suffirait pas à exposer par le menu ces relations historiques. Il faudrait des volumes. A l'histoire du seul couvent arménien de Saint-Jacques, à Jérusalem, l'évêque Astwadzatour Tèr Yohannessian a consacré deux volumes, imprimés à Jérusalem en 1890, pour donner un tableau de l' « Histoire chronologique de Jérusalem ».

C'est dire qu'il ne saurait être question, dans les limites de temps et d'espace qui nous sont départies, d'esquisser, même à grand traits, une histoire de l'Arménie dans ses rapports avec la Syrie et avec la Palestine. On se bornera simplement à indiquer quelques moments dans cette longue série de siècles, à signaler quelques épisodes qui montreront l'intérêt historique de tout premier ordre qu'il y aurait à pousser plus avant l'étude des relations que l'Arménie entretint avec la Syrie et la Palestine, depuis les origines du christianisme jusqu'à nos jours.

***

Dans le récit de la Pentecôte, lors de la descente du Saint-Esprit sur les onze, l'auteur des ACTES DES APOTRES (II, 9) énumère, dans l'ordre géographique selon toute vraisemblance, les Parthes, les Mèdes, les Elamites, ceux qui habitent la Mésopotamie, la Judée, la Cappadoce, le Pont, etc. C'est du moins le texte que présentent les documents grecs actuellement connus ; or ces textes ne sont, d'après les plus récents travaux de la critique, que des recensions datant *grosso modo*, des environs de l'an 300. On observera de suite que, si l'auteur suit l'ordre géographique, la Judée n'est pas située entre la Mésopotamie et la Cappadoce.

La chose avait déjà frappé saint Jérôme qui propose de lire *Syrie* au lieu de *Judée*. C'est plus logique, si on entend par Syrie une partie tout à fait septentrionale de cette contrée, la région d'Edesse et d'Aïntab, par exemple. Deux savants de l'Eglise de l'Afrique du Nord, Tertullien (160-245) et Augustin (354-430) se montrent beaucoup plus radicaux. Soit qu'ils reproduisent un texte actuellement perdu ou inconnu, soit qu'ils corrigent de leur propre chef, ils lisent *et qui inhabitabant Armeniam* « et ceux qui habitaient l'Arménie » à la place de *Judée*, entre la Mésopotamie et la Cappadoce. C'est exactement la situation géographique d'une partie de l'Arménie, la Troisième Arménie (1), entre la Mésopotamie au sud et la Cappadoce au nord-ouest.

Ainsi, pour ces deux théologiens africains, la présence d'Arméniens à la scène de la Pentecôte, à Jérusalem, n'était pas douteuse. On regrettera que le texte latin de l'évangile au temps de Cyprien (200-258) présente une lacune précisément à l'endroit qui nous intéresse (2).

***

Dans la description qu'il donne des églises et des monastères d'Egypte, Abou Salih, l'Arménien (début du XIIIe siècle), consacre quelques passages très intéressants aux monastères, aux églises, aux cimetières que les Arméniens possédaient en Egypte. Lorsque les Kurdes se furent emparés de l'Egypte (1168 J.-C.), de telles calamités fondirent sur les Arméniens établis dans ce pays, que leur patriarche, avec les moines arméniens, quitta leur couvent d'Al-Boustân et se rendit à Jérusalem, emportant avec lui 75 livres saints (3), parmi lesquels un exemplaire du tétraévangile orné d'enluminures en couleurs et en or, représentant les miracles du Christ. On rapporte que

(1) La *Troisième Arménie* était limitée au Nord et à l'Ouest par la première et la deuxième Arménie : à l'Est par l'Euphrate qui la séparait de la Grande Arménie ; au Sud par la Cilicie et l'Euphratèse, et avait pour capitale Mélitinê (Malathiah), et pour villes principales : Dzamndaw, Honi, Aplastha, Thaawblour, Kokison. Cf. SAINT-MARTIN. *Mémoires historiques et géographiques sur l'Arménie* .. (Paris, 1818), I, p. 191-193.

(2) Cf. *Das lateinische Neue Testament in Afrika zur zeit Cyprians*... herausgegeben von Hans Freiherr von SODEN (Leipzig, 1909) ; 8°. p. 551. — Dans son discours sur la descente du Saint-Esprit, Nersès de Lambron (XIIe siècle) semble se faire l'écho d'une tradition d'après laquelle les apôtres qui eurent pour mission d'évangéliser l'Arménie apprirent l'arménien, lorsqu'il s'écrie : « Voyez cet ignorant de Thaddée, à quel point il arrange ses paroles avec les mots arméniens » (Thadêos ayn tkhmar, tésêq orqan vayéloatch médzats hayots bariwqn zbans iwr yôdé) ; cf. *entir maténagirq* (Venise, 1865), in-12, t. IV, p. 309.

(3) On rappellera, pour mémoire, qu'un des plus précieux manuscrits du fonds arménien de la Bibliothèque nationale de Paris, le n° 44 (A. F. 20), est un *tonakan* ou Lectionnaire, renfermant toutes les leçons de l'Ecriture sainte, selon le rite de Jérusalem. Il est intitulé : Mémorial des synaxes qui se célèbrent dans les saints lieux du Christ à Jérusalem, indiquant les dates des mois et contenant les leçons et les psaumes de chaque jour de fête et de commémoration des saints. — Copié sur parchemin, probablement à Jérusalem, ce manuscrit est peut-être du Xe siècle et est des plus importants pour la paléographie arménienne ainsi que pour l'histoire de la liturgie. Il présente, pour les fêtes et les leçons, l'ancien ordre de la liturgie arménienne, antérieur à la réforme du patriarche Grégoire Vkayasêr (XIe siècle). On a tenu longtemps les constitutions liturgiques de l'église de Jérusalem pour le prototype de celles de l'église arménienne.

ce patriarche fonda un monastère en dehors de Jérusalem, renfermant une église et placé sous le vocable de Sargis ; on rapporte également que ce couvent arménien contenait vingt moines. Le patriarche vécut heureux dans son couvent, puis il mourut et fut enterré à Jérusalem, dans le monastère de Jacques, le fils de Zébédée (1).

Ces renseignements d'Abou Salih, de la plus haute importance, ne font que confirmer ce que l'on savait de couvents, de communautés, d'églises, existant de longue date à Jérusalem et dans les environs, ainsi que de pieux personnages qui venaient, en pèlerinage, visiter les lieux saints.

Feu le P. Alichan a eu la bonne fortune de découvrir et de publier en traduction française deux textes (2) qui donnent les plus précieux renseignements sur les possessions arméniennes en Palestine au VIIe et au XVe siècle de notre ère. Le premier de ces documents serait du VIIe siècle, aurait pour auteur Anastase d'Arménie et est intitulé : *Les LXX couvents arméniens de Jérusalem.* Sous le règne de Tiridate et sous le pontificat de Grégoire l'Illuminateur, dit en substance ce texte, les princes d'Arménie fondèrent plusieurs couvents dans la sainte ville de Jérusalem. Et l'auteur cite les noms de ces 70 monastères arméniens ; c'était le couvent de Pierre, hors les murs, vers Siloé ; celui de Pantaléon, sur le mont des Oliviers ; celui de Bate, fondé par les Chirakiens ; le couvent de Polyeucte ; ceux des Artzrouniens, des Mamikoniens, des Gougariens, des Suniens, des Rechtouniens, des Léontiens... ; d'après ce document, une partie de ces couvents tomba en ruines ; d'autres furent abandonnés par leurs moines qui ne voulaient pas payer les impôts aux Sarrazins.

Le second document publié par Alichan est extrait d'un manuscrit copié peu avant 1483, par Nicolas, évêque d'Acquirmann. Il mentionne, entre autres nombreux sanctuaires, le Champ du Potier, où est le cimetière des Arméniens ; dans la ville de Saint-Michel, le couvent arménien où Jésus remit l'âme de sa mère entre les mains de l'archange...

On pourrait émettre des doutes sur l'authenticité de ces documents, en particulier sur celle du premier. Et cependant, des inscriptions et de superbes mosaïques arméniennes attestent que de nombreux bâtiments arméniens, couvents, églises, nécropoles, ont dû exister à Jérusalem et dans ses environs.

(1) Cf. *The churches and monasteries of Egypt and some neighbouring Countries* attributed to ABU SALIH, the Armenian, translated from the original arabic by B. T. A. EVETTS... (Oxford, 1895), in-4°, passim.

(2) *Archives de l'Orient latin* (1884), t. II, p. 394-403.

Dans *les Eglises de la Terre Sainte* (Paris, 1860), Melchior de Vogüé signalait (p. 112-114) une porte de l'église de Bethléem (1), pourvue d'une inscription arabe et d'une arménienne. Celle-ci, traduite en latin par Quaresmius, portait : « Anno 676, accommodata fuit porta sanctae Mariae opera patris Abraham et patris Aracheli, sub regno Erman filii Etum Constantini. Christus Deus auxilietur animabus ipsorum. Amen. »

De Vogüé fait justement observer que Quaresmius, trompé par un interprète, aura pris Erman, qui désigne l'Arménie, pour un nom d'homme, et il corrige très judicieusement : « L'an 676, la porte de l'église de Sainte-Marie fut exécutée par les soins du P. Abraham, et du P. Arachel ; Héthum, fils de Constantin, étant roi d'Arménie. Le Christ ait pitié de leur âme. Amen. » Il s'agit de Héthoum qui, en 1227, occupait le trône de l'Arméno-Cilicie.

C'est le mont des Oliviers qui a fourni la plus riche moisson d'inscriptions et de mosaïques arméniennes (2).

En 1893, la *Revue biblique* (p. 241-242) signalait la découverte de plusieurs de ces mosaïques. Il s'agit, en particulier, d'une triple mosaïque, précédant un tombeau, et pourvue d'une inscription arménienne, dont le texte, traduit par Mgr le Patriarche arménien non-uni, portait : « Ce monument est érigé sur la prière de Sa Béatitude Jacques, chef des premiers élus ». Et l'auteur de l'article ajoutait : « Les Arméniens croient qu'il s'agit ici d'un de leurs évêques de Jérusalem qui vivait vers 614 après J.-C. Cette nouvelle trouvaille montre quelle était l'importance de l'établissement arménien au mont des Oliviers sous les empereurs byzantins. »

Cette même mosaïque, avec l'inscription arménienne, a été republiée par Guthe, dans les *Mittheilungen und Nachrichten des deutschen Palaestina Vereins*, 1895, p. 51-53, qui se contente de reproduire la traduction de l'inscription, proposée par Owsepian : « Ceci est le monument du seigneur Jacob, qui fut fait sur [sa] demande. »

Le même savant, Guthe, avait copié, en 1881, des inscriptions arméniennes sur le mont des Oliviers ; elles ont été utilisées et publiées par Riess dans ses *Reste eines alten armenischen Klosters auf dem Ölberg und die daselbst aufgefundenen Inschriften* (Z D P V. 1885, t. viii, p. 155-161). L'une de ces inscriptions mentionne la bienheureuse

(1) On sait que les Arméniens disposent d'une partie du sanctuaire de la Grotte de la Nativité, à Bethléem.

(2) Un document que les médiévistes datent du début du ixe siècle, mentionne deux Arméniens parmi les reclus établis sur le mont des Oliviers, puis des moines arméniens établis à Saint-Jean, près de Béthanie : cf. *Commemoratorium de casis dei vel monasteriis*, dans *Itinera Hierosolymitana et descriptiones Terrae Sanctae bellis sacris anteriora* (Genève. 1879) ; i, p. 302 (Société de l'Orient latin).

Suzanne, mère de Artavan, le 18 hori. Une autre rappelle le nom de Walan qui érigea ce monument pour expier ses péchés, en ayant comme intercesseurs auprès de Dieu le saint Esayi et les saints Pères. Une troisième inscription fait connaître les noms de Theuas (?) abbé, et de Murwan. Ces inscriptions montrent la grande extension des constructions arméniennes sur le mont des Oliviers et dans les environs de Jérusalem, à une époque vraisemblablement antérieure à l'arrivée des Francs, c'est-à-dire à l'époque byzantine allant du IVe ou du Ve au VIIIe ou IXe siècles. Elles corroboreraient alors pleinement les renseignements fournis d'ailleurs par Anastase, et ci-dessus mentionnés.

Dans le courant de l'été 1894, on découvrait une superbe mosaïque, avec inscription arménienne, au nord de Jérusalem, près de la grotte dite de Jérémie (1). Le texte arménien portait : « A la mémoire et pour le salut de tous les Arméniens, dont le Seigneur connaît les noms. » La mosaïque représente un arbre dont les branches forment 43 cercles dans lesquels on voit toutes sortes d'oiseaux : aigle, paon, cigogne, etc. On découvrit encore d'autres tombeaux arméniens, mais il fut impossible de les voir et de les étudier, par suite de constructions nouvelles que le propriétaire musulman du terrain avait hâte d'édifier sur ces antiques monuments. L'auteur de l'article suppose qu'il s'agit du couvent de Poliktos (Polyeucte), sis au nord de Jérusalem. Du fait que l'inscription ne porte pas de date, l'auteur conclut que la mosaïque est antérieure à 551, puisqu'avant cette date les Arméniens n'avaient pas d'ère nationale. Owsepian, qui reproduit cette opinion de l'auteur de la découverte, observe que les caractères de l'inscription peuvent être du IXe ou du Xe siècle.

Cette inscription est reproduite avec les opinions de Murray, S. Baronian, Astwadzatour Têr-Yohannésiants apud F. J. BLISS, *Excavations at Jerusalem*, 1894-1897... (London, 1898), p. 256-259, avec un bon fac-simile photographique.

Enfin, M. CLERMONT-GANNEAU, dans ses *Archaeological researches in Palestine*, during the years 1873-1874.. (London, 1899), p. 329-337, traite d'ensemble des mosaïques et des inscriptions arméniennes du mont des Oliviers. Il émet des doutes sur l'authenticité du document d'Anastase, publié par Alichan.

Le même savant avait reproduit, auparavant, la photographie d'une inscription arménienne, provenant de Karak, de l'autre côté du Jourdain. « Elle me semble être ancienne et avoir une valeur histo-

(1) Cf. OWSEPIAN, *Mosaik mit armenischer Inschrift im Norden Jerusalems*, dans Z D P V (1895), t. XVIII, p. 88-90 (avec une planche représentant la mosaïque).

rique. » (1) Cette même inscription est reproduite dans le Ve rapport avec ces indications : « Marbre blanc veiné de bleu. Environs de Karak (?) (Pays d'outre-Jourdain). Inscription arménienne en caractères antiques, qui ne saurait être postérieure aux Croisades. Dix lignes. » Et en note : « Actuellement au couvent arménien de Jérusalem » (2).

Je prendrai la liberté d'ajouter à cette énumération la mention de deux inscriptions arméniennes, conservées jadis au couvent arménien de Saint-Jacques à Jérusalem, et dont je pris copie lors d'un séjour que je fis dans cette ville en 1901 (3). Je les reproduis sur ma seule copie, sous toute réserve, n'ignorant nullement qu'en règle générale la publication d'une inscription comporte l'examen de la copie directe, de la photographie et de l'estampage.

La première inscription (fig. 1) provient du mont des Oliviers ; elle a été trouvée dans un tombeau voisin de la mosaïque de Suzanne (*supra*, p. 154) ; elle portait, en 1901, le numéro 147 du musée du séminaire arménien du couvent de Saint-Jacques. Cette inscription est brisée en haut et à droite ; elle est gravée en caractères majuscules qui rappellent l'écriture erkathagir des manuscrits.

Je proposerai la transcription suivante de cette inscription fragmentaire :

1. Ա.[ստուա]ծ վ[ա]ս[ն] ակնցի ա[ր|ժի[ապատիւ] պ[ա]տր[իարքի]
2. տ[ե]առն եւ ծն[ո]ղ[ա]ց նորա [ա]շխատա[ւոր]աց
3. ի նորոգ|ո|ւմն ս|ո ր|բ տաճ|ա|րիս․ Յ|ի|շ[եցէ]|ք տ[է]ր Յի[սուս]

1. « [Priez ?] D[ie]u p[ou]r le très [honorable] p[a]tr[iarche] (originaire) d'Akn...
2. « le s[ei]gneur et ses parents qui [c]ontribu[èr]ent
3. « à la restauration de ce s[ain]t temple. Men[tionne]z le S[eigneu]r Jé[sus]... »

L'ethnique Akntsi ou Aknétsi, désignant un personnage originaire d'Akn (Eghine), et problablement un souverain pontife de l'église arménienne, fait songer, entre autres, à Minas Aknétsi, qui fut catholicos d'Etchmiadzin, 1751-1753 ; cf. M. Ormanian, *l'Eglise arménienne..* (Paris, 1910), p. 179.

(1) Cf. Ch. Clermont-Ganneau, *Premiers rapports sur une mission en Palestine et en Phénicie*, entreprise en 1881 (Extrait des Archives des missions scientifiques et littéraires) Paris, 1882, p. 15-16 du tirage à part. L'auteur ajoute en note, p. 16, n. 1 : « Ci-joint une photographie, avec prière de la soumettre à M. Dulaurier, membre de l'Institut (pl. B). »

(2) Cf. Ch. Clermont-Ganneau, *Mission en Palestine et en Phénicie*, entreprise en 1881... Cinquième rapport... (Paris, 1884). Extrait des Archives des missions scientifiques et littéraires.., p. 113.

(3) Elles y sont probablement encore, si le monastère n'a pas été dévasté.

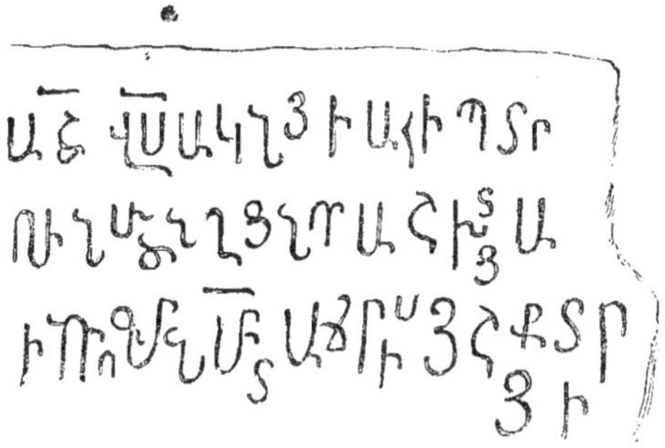

Fig. 1. — Inscription arménienne de Jérusalem.

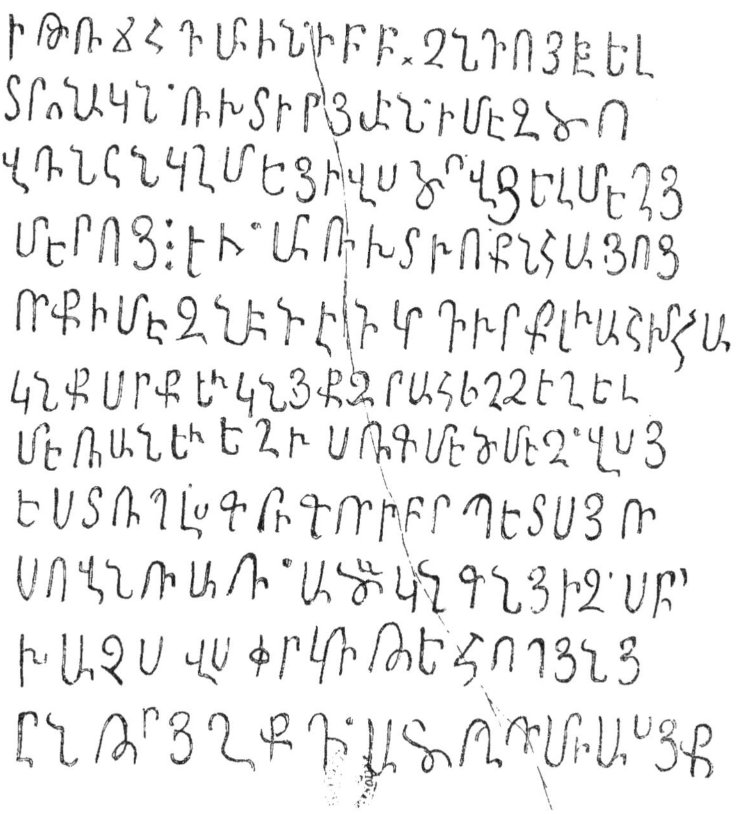

Fig. 2. — Inscription arménienne de Jérusalem.

D'autre part, on relève dans Tchamitch (*patmouthiun haïots...*, Venise, 1786, III, p. 863-864) qu'un personnage, vivant vers 1752, jouit d'une grande célébrité chez les Arméniens ; il était originaire d'Akn et s'appelait Yaghoub; il vivait à Constantinople et était très influent. Il fit le pèlerinage de Jérusalem, avec sa famille. Le patriarche Yakob (Hagob) [Nalian], de Jérusalem, lui rendit de grands honneurs et se montra plein de déférence à son égard. Il le pria d'intervenir en sa faveur, pour qu'il puisse retourner sur le siège patriarcal de Constantinople. Yaghoub y consentit et, arrivé à Scutari, il envoya l'ordre au patriarche de démissionner. Le patriarche obtempéra, mais Yaghoub fut décapité, dans la même année, sur l'ordre du sultan, à Constantinople.

Ce patriarche, Hagop Nalian, était originaire de village de Zimara, du canton d'Akn (Tchamitch, *op. cit.*, p. 824). « Hakob Nalian or êr i géghtjên Zimara, hérkrên Akna ». Il peut donc être qualifié, lui aussi, d'Aknétsi.

La deuxième inscription (fig. 2) porte le numéro 263 du musée du séminaire arménien de Saint-Jacques, à Jérusalem. Elle semble complète, bien qu'ayant été brisée par le milieu. Elle est également gravée en caractères majuscules, correspondant à l'écriture erkathagir des manuscrits.

J'en proposerai la transcription suivante :

1. ի Թ[ուի]ն ՈՃՀԴ ամին՝ իբրեւ ....
2. տ[ե]րունակ[ա]ն՝ ուխտի[ք] յամէն՝ ի մէջ ծո-
3. վուն ընկղմեց[ա]ւ վ[ա]ս[ն] ծով[ա]ցե[ա]լ մեղ[ա]ց
4. մերոց: Եւ՝ ս[ուր]բ ուխտ[ա]ւո[ր]քն հայոց
5. որք ի մէջ նաւուն էին կ[ա]րգ[ա]ւ[ո]րքն եւ աշխ[ա]րհա
6. կ[ա]նք արք եւ կ[ա]ն[ա]յք ջրահեղձ եղե[ա]լ
7. մեռան եւ եղեւ սուգ մեծ մեզ՝ վ[ա]ս[ն] [որո]յ
8. ես տ[ա]ռ[ա]պ[եա]լս Գրիգ[ո]ր իբր[եւ] Պետ[րո]ս յու-
9. սով նորա առ՝ Ա[ստուա]ծ կ[ա]նգն[ե]ցի զ՛ս[ու]րբ
10. խաչս վ[ա]ս[ն] փրկութե[ան] հո[գո]ց ն[ո]ց[ա]
11. ընթ[ե]րց[ո]ղքդ՝ Ա[ստուա]ծ ողորմի աս[ա]ց[է]ք

1. « En l'année 1174 ....
2. tout l'ordre des prêtres dans la
3. mer fut englouti, à cause des péchés immenses
4. de nous. Et les saints pèlerins arméniens
5. qui étaient dans le bateau, les religieux et les sécu-
6. liers, hommes et femmes, ayant été asphyxiés par l'eau
7. moururent, et fut grand deuil pour nous. A cause de cela,

8. moi, malheureux Grigor (Grégoire), comme Pierre, avec
9. son espérance, j'ai dressé vers Dieu la sainte
10. croix, pour le salut de (leurs?) âmes.
11. Vous qui lisez, dites : Dieu ait pitié ! »

Si ma lecture est exacte, l'an 1174 de l'ère arménienne correspond dans l'ère de J.-C., à l'année allant du 21 septembre 1724 au 20 septembre 1725. Etant donné cette date, le Grigor en question doit être Grégoire III Cheghthayakir, 1715-1749, 40me patriarche arménien de Jérusalem, d'après la liste dressée par Kalemkiar, apud GELZER, *Hamarot patmouthiun Haïots...* (Vienne, 1897), p. 120.

Grigor était un simple vardapet (archimandrite) d'Etchmiadzin. On le manda à Constantinople pour le nommer patriarche de Jérusalem. Il arriva à Constantinople en 1717, fut reçu avec grande joie et fut nommé patriarche de Jérusalem. Après sa nomination, il resta encore quelque temps à Constantinople, à cause des dettes du couvent de Jérusalem, qui montaient à 800 bourses. Il déploya tant de zèle pour acquitter cette dette, qu'il en étonna tout le monde. Il se mit au cou une lourde chaîne en fer, de façon à ne pas pouvoir l'enlever, et il fit vœu, devant Dieu, de ne pas la quitter avant d'avoir vu les preuves tangibles de sa miséricorde en faveur du siège patriarcal. Les jours de fête, Grigor se mettait à la porte de l'église Sourb Astwadzadzin, la chaîne au cou, s'adressait, en pleurs, aux fidèles qui entraient à l'église, et disait : « Ayez pitié ! ayez pitié de moi, ô croyants dans le Christ, car ma maison est en gages, et mes enfants se sont éloignés de moi (1), et moi, éloigné de mon siège, je suis dans la tristesse. Ayez pitié de moi. Allégez le poids de mes dettes .. J'étais le siège de Jacques l'apôtre, et je suis actuellement un siège de dettes, il n'y a personne qui me tende la main ».

Il garda la chaîne pendant huit ans, et c'est à cause de cela qu'il fut surnommé cheghthayakir « porteur de chaîne ».

La mention de Pierre n'est pas certaine. Le texte porte *ibrpets* que l'on pourrait à la rigueur entendre dans ce sens *moi comme chef*. Il paraît préférable de compléter le texte en lisant : *ibr*[*ev*] *pét*[*ro*]*s* « comme Pierre », et de voir dans cette lecture une allusion à la scène où Pierre, voulant marcher sur les eaux, commence à s'enfoncer et crie à Jésus de le sauver (Evangile selon Matthieu, XIV, 28-33).

On ajoutera, comme renseignement bibliographique, que le n° 121 des manuscrits arméniens du British Museum renferme un itinéraire ou guide à l'usage des pèlerins arméniens aux Saints Lieux ;

(1) Les membres de la Congrégation de Jérusalem s'étaient dispersés à cause de la dette de ce couvent.

ce document est de l'an 1743 de J.-C. et porte, à la première page, une note d'après laquelle, en 1716 de J.-C., eut lieu la séparation entre le patriarcat arménien de Jérusalem et celui de Constantinople (1).

***

L'époque des Croisades marque l'apogée des relations et de l'union intime entre l'Arménie, la Syrie et la Palestine.

Ce sont les Arméniens de Cilicie qui ravitaillent les Croisés et leur facilitent la traversée de l'Asie mineure, pour les acheminer vers les Lieux Saints. C'est un Arménien, Firouz, fils d'un fabricant de cuirasses, qui introduit les Francs à Antioche, en leur livrant les trois tours qu'il commandait.

Dulaurier, dans le tome I des *Documents arméniens des Croisades* (2), comme Alichan dans son *Sissouan* (3), ont cité à l'envi que presque toutes les reines de Jérusalem et une bonne partie des princesses régnant alors furent ou Arméniennes ou de sang arménien. On en citera quelques-unes pour mémoire :

Sire Adam, devenu sénéchal d'Arménie, épouse la fille de Constantin de Lambron. Agnès, la fille d'Amaury de Lusignan, prince de Tyr et de Sidon, épouse son cousin-germain, le roi Léon IV. Baudouin de Boulogne, frère de Godefroy de Bouillon, épouse Arda, fille de Thoros et petite-fille de Rouben, le fondateur de la dynastie des Roubéniens. Baudouin du Bourg, roi de Jérusalem, marie sa sœur à Léon Ier, prince régnant de Cilicie. Boémond IV, prince d'Antioche, épouse Sibylle, fille du roi Héthoum Ier et d'Isabelle d'Arménie. Helvis, fille d'Amaury de Lusignan, épouse Raymond Rupin, prince d'Antioche. Isabeau, princesse de la maison d'Antioche, épouse Léon II, alors qu'il était encore prince régnant de la Cilicie. Une autre Isabeau, fille de Guy, comte de Jaffa, épouse le roi Sembat. Jean de Brienne, roi de Jérusalem, épouse Estéphémie, fille du roi Léon II. Jean d'Ibelin, connétable du royaume de Jérusalem, épouse Marie, fille du grand baron, Constantin de Lambron. Marie, la reine *Maroùn* ou *Mòrou*, petite-nièce de Philippe de Tarente, épouse Léon de Lusignan, le dernier roi de l'Arméno-Cilicie ; après la chute du royaume de Cilicie, elle se retire à Jérusalem et y meurt, tandis que

(1) Cf. F.-C. Conybeare, *A Catalogue of the armenian manuscripts in the British Museum*... (London, 1913), p. 303 *a* et *b*.

(2) Recueil des historiens des Croisades... *Documents arméniens*... (Paris, 1869), t. I, p. CXXIII.

(3) Cf. *Sissouan ou l'Arméno-Cilicie*, description géographique et historique... (Venise, 1899) [la préface est signée : P. Léonce Alishan], p. 43 et passim.

son mari se retire à Paris, y meurt et est enterré dans la basilique des rois de France, à Saint-Denis. Sibylle, fille d'Amaury de Lusignan, roi de Chypre et d'Isabeau de Plantagenet, reine de Jérusalem, épouse Léon II.

Dulaurier et L. de Mas-Latrie (1) ont publié, avec le soin désirable, les généalogies établissant les alliances des familles arméniennes et des familles françaises titulaires de couronnes royales, ducales, comtales, en Syrie et en Palestine. Il suffit de signaler la chose et de renvoyer aux publications de ces deux savants français.

Lorsque Saladin se fut emparé de Jérusalem, en 1187, il donna aux Arméniens le couvent de Saint-Jacques (2). Cette prise de la Ville sainte par les musulmans jeta le peuple arménien dans la consternation, et le catholicos Grégoire l'Enfant (tgha) se fit l'interprète de sa nation en publiant son *Elégie sur la prise de Jérusalem* (3).

A propos de ce célèbre couvent arménien de Saint-Jacques, à Jérusalem, Dulaurier observe (*Documents arméniens*, I, p. 686, n. 2), que « c'est l'un des plus riches qu'il y ait au monde par les offrandes qu'il reçoit des Arméniens qui se rendent en pèlerinage aux Saints Lieux. Chaque année, un grand nombre d'entre eux accourent pour accomplir cette pieuse visite et en reviennent avec le titre de *mahdeci*... qui est une forme altérée de l'arabe *mokaddecy*... *le hiérosolymitain*, c'est-à-dire « celui qui a visité la *maison du sanctuaire* »... ou Jérusalem. Ils ajoutent ce titre à leur nom patronymique, dans le même sens et avec le même sentiment de dévotion que les musulmans, de retour du pèlerinage de la Mekke, prennent celui de *hadji*. »

Il ne sera pas sans intérêt de rappeler la *Fleur des histoires de la terre d'Orient* du moine arménien Hayton (Héthoum), XIVe siècle. Dans la première partie, essentiellement géographique et ethnographique, il décrit quatorze royaumes d'Asie, parmi lesquels la Grande Arménie et la Syrie, cette dernière comprenant la Petite Arménie. Cette indication pourrait prêter à équivoque et donner à entendre que la Cilicie n'était qu'une subdivision de la Syrie. Mais l'équivoque disparaît lorsqu'on serre de près le texte de Hayton (4) : « La quarte

(1) Voir, à la Bibliothèque nationale de Paris, les n°s 6801-6802 des Nouvelles acquisitions françaises, renfermant des bulles pontificales relatives à la Terre sainte et à l'Arménie (1074-1316 et 1316-1381), matériaux réunis par L. de Mas Latrie, en vue d'une nouvelle édition des *Familles d'outre-mer* de du Cange.

(2) Cf. Dulaurier, Recueil des historiens des Croisades. *Documents arméniens*..., I, p. 820 *s. v.* Jacques.

(3) Cf. Recueil des historiens des Croisades. *Documents arméniens*..., I., p. 272 et suiv.

(4) Recueil des historiens des Croisades... *Documents arméniens*... (Paris, 1906), II, p. 134 et 273.

province (du royaume de Syrie) est nomée Silice (Cilicie), e là est la cité de Tersot (Tarse), en la quele fu nez l'apostle saint Pol, e cestui Silice hui est nomée Armenie. Car depuis que les enemis de la foi crestienne orent tolue cele terre de la main des Grex, les Ermins (Arméniens) se travaillerent tant que il recovrerent Silice ; e le roi d'Ermenie en tient ores la seignorie, par la grace de Deu ». Ainsi, même d'après Hayton, il n'y a pas de doute, l'Arméno-Cilicie ne faisait pas partie de la Syrie à l'époque où les ennemis de la foi chrétienne s'emparèrent de cette province sur les Byzantins, et elle devint tout à fait arménienne du jour où les Arméniens la colonisèrent régulièrement, seconde moitié du XIe siècle, et y établirent une royauté nationale, XIIe siècle.

***

Le XVIIIe siècle marque une date importante dans la vie du peuple arménien. Les tentatives que l'église de Rome avait faites, au cours des âges, pour ramener dans son sein l'église arménienne, qualifiée de schismatique, semblaient devoir aboutir (1).

L'abbé Mekhithar, après avoir reçu le titre de diacre, fut ordonné prêtre à vingt ans. « Il parcourut l'Asie, prêchant l'Evangile parmi ses compatriotes, enseignant la théologie et s'efforçant de réunir dans la grande communion de l'Eglise romaine les différentes sectes que l'ignorance des vrais principes et quelques susceptibilités de mots avaient fait surgir parmi les Arméniens... Il visita d'abord Etchmiadzin... puis il revint à Sébaste, sa patrie, passa ensuite à Passen... Bientôt après il entreprit de nouveaux voyages, et cette fois il gagna la Syrie et s'arrêta à Alep, où il forma le projet, sur le conseil d'un missionnaire, le jésuite Antoine Beauvillers, de visiter Rome » (2).

Après diverses péripéties, Mekhithar fonda une communauté religieuse, l'ordre des Mekhitharistes, qui finit par s'établir à l'île Saint-Lazare, lagune de Venise, et à Vienne, Autriche.

Une autre branche du catholicisme arménien est représentée par la communauté du mont Liban.

« En 1740, le siège de Sis (3), était vacant depuis sept mois. Sur la réputation de ses vertus, Abraham fut choisi d'une voix unanime pour l'occuper. La première pensée du nouvel élu fut de se

(1) Cf. F. MACLER, *Autour de l'Arménie* (Paris, 1917), p. 105-109

(2) Victor LANGLOIS, *Notice sur le couvent arménien de l'île Saint-Lazare de Venise*... nouvelle édition... (Venise, 1905), in-8°, p. 8.

(3) Actuellement encore le siège catholical de Sis est de rite arméno-grégorien.

transporter à Rome pour resserrer les liens qui unissaient l'Arménie à l'Eglise catholique. Arrivé dans la Ville éternelle en 1742, il reçut avec solennité le pallium des mains du pape Benoît XIV... (1). »

Le patriarche Abraham aurait voulu établir le siège catholique arménien à Constantinople. Mais la cour de Rome s'y opposa, arguant du fait que cette ville avait déjà été placée sous la juridiction d'un délégué apostolique. Abraham se décida alors à placer son siège sur le mont Liban, où il mourut en 1749 (2).

Il eut pour successeur Jacques IV Pierre II qui « transporta son siège au couvent de Sainte-Marie-de-Bezoummar, dont son prédécesseur avait presque achevé la construction. Avant de quitter le monastère de Kerème, il eut soin d'assigner aux religieux Antonins des revenus suffisants, et, dans un concile d'évêques, qu'il tint en 1752, il confirma leurs règles (3). »

Un auteur, qui a désiré conserver l'anonymat, décrit ainsi l'établissement du siège arménien catholique au Liban : « Parmi les collines verdoyantes et boisées qui couvrent le mont Liban, il y en a une plus élevée, dont la cime, revêtue d'arbres touffus, était devenue, dans les anciens temps, le centre du paganisme phénicien. Les prêtres païens du pays avaient élevé un temple à la divinité nationale sur le sommet de cette colline, où ils convoquaient, au son d'une trompette, connue dans leur langue sous le nom de *zamr*, les peuples d'alentour à la célébration des sacrifices sanglants qu'ils offraient à leur dieu. C'est à cet instrument religieux que ce point culminant doit le nom de Bzommar, qu'il porte encore aujourd'hui. Là, sur les ruines du temple phénicien, le nouveau patriarche (Abraham Pierre Ier) (4) établit le siège de saint Grégoire, et grâce aux généreux secours que les bienfaiteurs de sa nation lui offrirent, il fonda la résidence patriarcale et le grand séminaire, qui a fourni à l'Arménie tant d'illustres évêques, de vaillants apôtres et d'éminents confesseurs de la foi catholique... (5) ».

(1) Cf. Le P. Donat Vernier, *Histoire du patriarcat arménien catholique* (Lyon-Paris, 1891), in-8°, p. 304.

(2) Donat Vernier, *op. cit.*, p. 304. — Abraham offrit au pape, entre autres cadeaux, trois manuscrits arméniens, dont un magnifique tétraévangile enluminé ; ces manuscrits sont conservés à la bibliothèque de l'Université de Bologne ; cf. F. Macler, *Notices de manuscrits arméniens*..., dans *Journal asiatique*, 1913, II, p. 246 sqq.

(3) Donat Vernier, op. cit., p. 305. — Les Antoniens ou Antonins arméniens ont actuellement (avant 1914) leur couvent à Ortakeuy, près de Constantinople. Ils ont conservé néanmoins leur maison du mont Liban : voir mon *Rapport*... (Paris, 1910), p. 3 et 115.

(4) Cf., *supra*, p.161, n. 3. — On trouvera une liste des *Catholicos de la maison de Cilicie au Liban et à Constantinople*, dressée par le P. Galemqérian (Kalemkiar) dans H. Gelzer, *Hamarot patmouthian Haïots* (Vienna, 1897), p. 118.

(5) Cf. *Rome et l'Arménie depuis le commencement du* IVe *siècle jusqu'à l'émancipation des catholiques arméniens en 1830* (Paris, 1890), in-8°, p. 99.

Cette scission dans le sein du peuple arménien l'affaiblit tout naturellement, et fut suivie de diverses querelles dont la plus célèbre est celle des Hassounistes. A ce propos et au sujet de la bulle *Reversurus*, on renverra à l'ouvrage du P. Donat, ci-dessus mentionné, et à celui de Mgr Ormanian sur le Vatican (1).

***

Le calme revint après la tempête, et les deux fractions de la nation arménienne, la grégorienne à laquelle sont restés fidèles la plupart des Arméniens et la catholique-romaine suivirent chacune sa destinée.

Les Arméniens catholiques qui habitaient la Palestine furent administrés par un vicaire du patriarche de la maison de Cilicie. Tandis que le patriarche réside à Constantinople, son vicaire pour la Palestine a sa résidence à Jérusalem (2).

Ces Arméniens catholiques de Palestine et de Syrie ont, dans la ville même de Jérusalem, un hospice réservé aux pèlerins de eur communauté. Cet hospice est dirigé par un prêtre, qui est également le curé de la paroisse (3). Ils ont un séminaire à Bzommar, qui compte une trentaine d'élèves ; ils doivent apprendre, comme langues obligatoires, l'arménien, l'arabe et le français (4).

Les Arméniens grégoriens ont un patriarche qui réside à Jérusalem et est le chef de la congrégation de Saint-Jacques. « C'est de ce patriarche que dépendent tous les religieux de rite grégorien, les diacres, les sous-diacres, les prêtres, etc., résidant en Palestine, ainsi que les évêques et archevêques *in partibus*, que l'on appelle dans cette Église des prélats sans portefeuille (5) ».

(1) Cf. M. Ormanian, *Le Vatican et les Arméniens* (Rome, 1873), in 8°, 307 p.. Du même auteur, consulter les deux brochures, *Les droits civils et la liberté religieuse des catholiques d'Orient* (Rome, 1872), in-8°, 24 p., et *Il Reversurus ovvero la Turchia ed il papato*, studi giuridici (Roma, 1872), in-8°, 35 p. — Voir, en outre, Edouard Scrosoppi, *L'Empire ottoman au point de vue politique vers le milieu de la seconde moitié du* XIX*e* *siècle* (Florence, 1875), in 4°, p. 87 et suiv.

(2) Cf. Vital Cuinet, *Syrie, Liban et Palestine*. Géographie administrative, statistique, descriptive et raisonnée (Paris, 1896), in-8°, IV et 694 p. [Le fascicule IV et l'index, à partir de la p. 461, sont de 1901].

(3) V. Cuinet, *op. cit.*, p. 545.

(4) Cf. V. Cuinet, *op. cit.*, p.256. — Pour plus de détails sur l'église arménienne catholique, ou patriarcat de Cilicie, au point de vue de l'organisation, voir Sésostris Sidarouss. *Des patriarcats*. Les patriarcats dans l'empire ottoman et spécialement en Egypte (Paris, 1907), in-8°, p. 229 et suiv.

(5) Cf V. Cuinet, *op. cit.*, p. 517.

Le grand couvent arménien de Saint-Jacques, à Jérusalem, comprend 145 religieux, 24 religieuses et un séminaire où l'on instruit 30 séminaristes. Ils doivent (ou : ils devaient) être de nationalité ottomane. Un docteur et un pharmacien sont attachés au couvent et distribuent gratuitement soins et médicaments aux Arméniens grégoriens (1). L'organisation du patriarcat grégorien de Jérusalem est l'objet d'un titre spécial de la Constitution nationale arménienne et est exposée dans les articles 17-23 de la dite Constitution (2).

Si Anastase comptait, au VIIe siècle, 70 couvents arméniens pour la région jérusalémitaine, ce nombre a été très réduit de nos jours. Après le couvent d'hommes et de femmes de Saint-Jacques, on signale encore le couvent *Déïr ez-Zéïtoun*, très modeste, situé au sud-est de Saint-Jacques, et un troisième, hors les murs, près du cimetière latin, entre le Cénacle et la porte du prophète David (bâb en-nebi Daoud); il occuperait, d'après quelques archéologues, l'emplacement de la maison de Caïphe (3).

En temps ordinaire, avant les grands massacres, les Arméniens grégoriens venaient nombreux en pèlerinage en Palestine ; on a établi une moyenne de 1500 par an (4). Ils étaient hospitalisés au couvent de Saint-Jacques à Jérusalem, au couvent du sanctuaire de la Nativité à Bethléem, au monastère de leur communauté à Jaffa, au couvent arménien de Ramléh (5).

La liste des patriarches arméniens de Jérusalem a été dressée par les soins du P. Kalemkiar (Galemqérian) ; cette liste commence à Sargis I, 1311-1313, et se poursuit jusqu'à Harouthiun Véhapétian, qui monta sur le trône patriarcal en 1886 (6). Le patriarche arménien grégorien de Jérusalem comprend sous sa juridiction le siège patriarcal de Kouds (Jérusalem), les sièges de prélat de Jaffa, de Damas et de Beyrouth (7).

Telles sont, très brièvement notées, les principales phases historiques des relations qui s'établirent au cours des siècles entre

(1) Cf. V. CUINET, *op. cit.*, p. 517.

(2) On en trouvera le texte, en anglais, apud LYNCH, *Armenia*, travels and studies (Londres, 1901), II, p. 453-454.

(3) Cf. V. CUINET, *op. cit.*, p. 540.

(4) Les Arméniens disposent d'une partie des Lieux Saints (Saint-Sépulcre et autres à Jérusalem. — Le n° 39 des mss arméniens du British Museum renferme des prières à l'usage des pèlerins arméniens de Jérusalem ; cf. F. C. CONYBEARE *A Catalogue of the Armenian manuscripts in the British Museum*... (London, 1913), p. 82*a*.

(5) Cf. V. CUINET, *op. cit.*, p. 550.

(6) Apud H. GELZER, *Hamarot patmouthiun Haïots*... (Vienne, 1897), in-8°, p. 118-121.

(7) Voir les détails statistiques donnés par M. ORMANIAN, *L'Église arménienne*... (Paris, 1910), in-8°, p. 185.

l'Arménie, la Syrie et la Palestine. Loin de viser à être complètes, les lignes qui précèdent ne constituent qu'une esquisse, tracée à grands traits, de ces relations. On s'estimerait heureux si elles paraissaient assez intéressantes et assez importantes pour provoquer la publication d'un ouvrage qui traiterait d'ensemble au point de vue archéologique, historique, politique, religieux et commercial, les relations de l'Arménie avec la Syrie et avec la Palestine, depuis l'âge apostolique jusqu'à nos jours.

Quelques publications de M. Frédéric Macler, relatives à la Syrie et à la Palestine :

Livres

a) René Dussaud et Frédéric Macler. *Voyage archéologique au Safâ et dans le Djebel ed-Drûz*... Paris, E. Leroux, 1901, in-8°.

b) Les mêmes auteurs : *Mission dans les régions désertiques de la Syrie moyenne*... Paris, E. Leroux, 1903, in-8°.

c) *Histoire de Saint-Azazaïl.* Texte syriaque inédit, avec introduction et traduction française, précédée des actes grecs de Saint-Pancrace, publiés pour la première fois par Frédéric Macler. (Paris, 1902), in-8°.

Articles

a) *La lépreuse du Birket*, dans *Bibliothèque universelle et Revue suisse*, Lausanne, 1899.

b) *Jamné* ou *le Mauvais œil.* Souvenirs de la Judée, dans : *Bibliothèque universelle et Revue suisse*, Lausanne, 1900.

c) *Chouchanna*, dans : *Bibliothèque universelle et Revue suisse*, Lausanne, 1902.

d) *Au Safa et dans le Djebel ed-Drûz*, dans : *Bibliothèque universelle et Revue suisse*, Lausanne, 1902.

e) *Note sur un nouveau manuscrit d'une chronique samaritaine*, dans : *Revue des Etudes juives*, 1905.

f) *L'inscription hébraïque du musée de Bourges*, dans : *Revue des Etudes juives*, 1906.

g) *Hebraica*, dans : *Revue de l'Histoire des religions*, 1908, I.

h) *Formules magiques de l'Orient chrétien*, dans : *Revue de l'Histoire des religions*, 1908, II.

i) *Notes latines* sur les Nestoriens, Maronites, Arméniens, Géorgiens, Mozarabes, dans : *Revue de l'Histoire des religions*, 1918, II.

j) *Syrians* or *Aramaeans*, dans Hastings, *Encyclopaedia of religion and ethics.*

Marseille. — Imprimerie du *Sémaphore*, Barlatier, rue Venture, 17-19.

IMPRIMERIE DU SEMAPHORE
MARSEILLE

Imprimerie
du "Sémaphor
Barlatier
17-19, rue Ve
Marseille

www.ingramcontent.com/pod-product-compliance
Lightning Source LLC
LaVergne TN
LVHW050509160826
845677LV00003B/1031

* 9 7 8 2 3 2 9 6 4 2 5 5 0 *